Made in the USA
San Bernardino, CA
06 May 2020

70714072R00062